AF267787

QUESTION MEXICAINE

L'EMPEREUR EST MORT!

Par Cyprien MILLOT

« La cour des Tuileries a pris aujourd'hui le deuil de l'EMPEREUR MAXIMILIEN, fusillé, le 19 Juin, à Queretaro. »

(Dépêche électrique du 3 Juillet 1867.)

SIC TRANSIT GLORIA MUNDI

PRIX : 75 CENTIMES

GENÈVE

IMPRIMERIE PFEFFER ET PUKY, RUE DU MONT-BLANC, 3

1867

QUESTION MEXICAINE

L'EMPEREUR EST MORT!

> « La cour des Tuileries a pris aujourd'hui le deuil
> de l'Empereur Maximilien, fusillé, le 19 Juin, à
> Queretaro. »
>
> *(Dépêche électrique du 3 Juillet 1867).*

Sic transit gloria mundi.

I

« Maximilien a été fusillé le 19 Juin, a Queretaro. »

Tels sont, dans leur concision brutalement énergique et
terrible, les termes de la fatale dépêche annonçant à l'Europe
attentive, silencieuse et émue, que le chef de l'éphémère empire du Mexique venait de descendre au tombeau.

Nous tenons, avant tout, à demontrer qu'il a été jugé, con-
damné et exécuté en vertu des ordres de l'Autorité mexicaine,
RÉGULIÈREMENT ET LÉGALEMENT CONSTITUÉE EN TRIBUNAL MI-
LITAIRE.

Nous reviendrons, sur ce point, le seul que, quant à pré-
sent, nous nous proposons de discuter.

Et, cependant, quel brillant avenir s'ouvrait devant le prétendant lorsque, il y a quatre ans à peine, il quittait confiant et insoucieux son splendide et paisible château de Miramar, pour courir à la conquête d'un trône et imposer le joug de l'étranger à un peuple fanatique de liberté !

Depuis cette époque, le monde entier n'a pas détourné un seul instant ses regards de cette partie du globe, théâtre de tant de combats horribles, de fusillades atroces et d'exécutions plus épouvantables encore !

Depuis cette époque, les amis de la liberté suivaient avec une extrême attention les progrès d'une armée oppressive et envahissante.

Des soldats FRANÇAIS, les soldats de la Révolution, les soldats de Jemmapes et de Fleurus, portaient le drapeau tricolore sur le sol libre d'une république proclamée par la volonté nationale!

Par la force des armes, ces mêmes soldats chassaient de la capitale le chef républicain qu'elle s'était librement donné, pour lui imposer un maître absolu, un maître étranger!...

En vain la voix des peuples civilisés s'élevait pour protester contre cet inqualifiable attentat aux droits des nations; en vain les *vrais* représentants du peuple français adressaient au Gouvernement impérial de sages, d'énergiques et de généreuses remontrances!...

L'Europe restait sourde à toutes ces clameurs.

Le Nouveau-Monde, se relevant à peine d'une guerre civile acharnée, ne pouvait point tendre une main secourable aux patriotes mexicains, au moment où ceux-ci teignaient de leur sang héroïque les murailles foudroyées et fumantes d'Orizaba, de Puebla et de Mexico.

Enfin, l'armée française pénètre en triomphatrice dans la capitale du Mexique !

Elle s'est frayé un chemin sanglant à travers des monceaux de cadavres :

Qu'importe, elle est victorieuse !...

Elle a semé derrière ses pas la ruine, l'incendie, la misère et toutes les calamités que la guerre entraîne après elle :

Qu'importe, elle est victorieuse !...

Ici, une mère éplorée cherche son fils bien-aimé au milieu des morts ; là, une femme aux cheveux épars, à l'œil éteint, cherche en vain à reconnaître dans un cadavre mutilé l'époux qu'elle a perdu ;

Plus loin, de malheureux orphelins se lamentent sur le corps inanimé d'un père chéri, qui n'entend plus leurs déchirants appels ;

Plus loin encore, et comme contraste à ce sinistre tableau, une soldatesque effrénée, — composée des traîtres au pays natal, — se livre à de hideux ébats, aux lugubres lueurs des flammes dévorant les maisons qu'ils ont incendiées !

Mais qu'importe encore : l'armée est victorieuse !...

La république mexicaine a cessé d'exister et le canon des Invalides annonce à la France que ses valeureux régiments peuvent inscrire le titre glorieux de nouvelles conquêtes sur leurs nobles drapeaux.

C'est plutôt un crêpe de deuil que l'on aurait dû fixer à la hampe de ce brillant symbole de l'honneur de l'armée, si indignement et si fatalement voué à l'ineffaçable flétrissure que lui infligera la postérité !

Loin de nous la pensée de rejeter sur de malheureux soldats, instruments aveugles du despotisme le plus absolu, toute idée de responsabilité morale ; mais, au moins, qu'il nous soit permis de proclamer hautement que le blâme et l'infamie de cette exécrable expédition doivent retomber tout entiers sur ceux qui l'ont longuement méditée, conseillée, préparée, et fait aussi cruellement exécuter.

Chacun sait quelles sont les circonstances, pour ne pas dire les prétextes, qui ont amené cette inique violation d'un territoire libre et indépendant.

La cession d'une créance, très-contestable, à un dévoué de Napoléon III (le duc de Morny), par un étranger, que l'on avait fait naturaliser Français pour les besoins de la cause ; le droit, encore plus contestable, à l'exploitation d'une riche mine argentifère, dont il s'agissait d'obtenir la concession, — laquelle fut refusée, — étaient aux yeux du Gouvernement français des motifs suffisants pour envahir à main armée le sol mexicain et y semer partout la terreur et la désolation !

L'Angleterre et l'Espagne, bien vite désabusées sur les causes réelles de cette guerre, aussi barbare qu'injuste, laissent aussitôt au Gouvernement français, seul, le soin de venger ses prétendus griefs et son honneur qu'il feint de croire outragé.

Le peuple mexicain, divisé par les partis, est forcé de courber la tête sous le joug des baïonnettes victorieuses, et, plus tard, obligé d'accepter le souverain que lui désigne la volonté despotique de celui qui vient de porter le fer et la flamme dans ses foyers.

Le choix de Napoléon se fixa sur un prince de la maison d'Autriche, et l'archiduc Maximilien accepta le périlleux honneur de régner, — de par le *suffrage universel* (?), — sur un peuple réduit au silence et à l'abstention la plus complète de ses droits politiques, par les fusillades et les trop nombreuses exécutions qui le décimaient.

En prenant possession du trône du Mexique contre le vœu de l'immense majorité de la nation, Maximilien ne pouvait se maintenir au pouvoir que par la force d'abord, et, ensuite par la terreur, lorsque la *légalité* (si, toutefois, ses sanguinaires proclamations peuvent être considérées comme *légales*) deviendrait impuissante à comprimer les aspirations des citoyens vers la liberté.

En effet, peu de temps après avoir ceint le diadème impérial, l'empereur faisait afficher dans toute l'étendue de ses États la proclamation suivante :

« Quiconque n'aura pas signé, dans vingt-quatre heures,
« un acte d'adhésion à l'empire, sera considéré comme rebelle ;
« tout rebelle sera fusillé. »

Voilà ce qu'était le SUFFRAGE UNIVERSEL au Mexique !...

L'exécution suit de près cette menace monstrueuse, et d'innombrables victimes tombent sous le plomb des séides d'un Gouvernement abhorré.

Une vigoureuse résistance s'organise. Les Mexicains, ayant à leur tête des patriotes énergiques et dévoués, se rallient et opposent au tyran détesté un courage et une résolution invincibles, qui devaient rapidement triompher de tous les obstacles.

L'armée française, forcée d'évacuer, à la hâte, le théâtre de ses tristes exploits, quitta le sol du Mexique en abandonnant, sans se préoccuper de son avenir, le monarque qu'elle avait institué.

Mais, avant cette époque, un affreux malheur domestique était venu frapper le cœur du jeune souverain. L'impératrice Charlotte, sa femme, embarquée pour l'Europe, avait perdu la raison en abordant le continent.

Le sang des patriotes versé par Maximilien s'était élevé jusqu'au Tout-Puissant, et, déjà la main de l'Éternel s'appesantissait sur le bourreau d'un peuple libre, écrasé sous sa domination exécrée.

Le courage et le patriotisme des Mexicains, loin de se laisser abattre par la persécution, trouvaient dans le régime barbare auxquels ils étaient soumis de nouveaux motifs d'exaltation.

De sanglants combats, des exécutions sans nombre signalent cette période du règne de Maximilien. L'atrocité du système adopté par le Gouvernement impérial devait appeler de terribles, mais de justes et légitimes représailles.

Livré à ses propres forces, chassé de place en place par les républicains enthousiasmés de leurs succès, l'empereur fut bientôt forcé de se rendre sans condition.

La trahison de mercenaires, vendus à une politique corruptrice qui sait acheter tout ce qui est à vendre, l'avait mis en possession d'un État envahi par des troupes nombreuses et triomphantes ; un traître devait le livrer, à son tour, sans armes et sans défense, à des ennemis justement courroucés.

L'empereur du Mexique a trouvé son Judas parmi ceux dont il s'était servi !

Miguel Lopez avait trahi la cause de son pays pour servir celle de l'étranger usurpateur. Traître à sa nation, n'était-il pas naturel qu'il vendît son nouveau maître si sa sûreté personnelle et ses propres intérêts venaient à l'exiger ?

Le traître, doublement infâme, livra son bienfaiteur moyennant 3,000 onces d'or ; le lâche, profitant des ténèbres de la nuit, propres à faciliter tout acte de félonie, livra la forteresse de la Cruz ; quelques heures après, Queretaro, le dernier rempart de l'oppression, tombait au pouvoir des troupes nationales, et le malheureux souverain, le bienfaiteur du misérable Miguel Lopez, se constituait prisonnier et déposait son épée et sa couronne dans les mains du général républicain Escobedo !

A partir de ce moment, toutes les pensées se dirigent avec anxiété vers le souverain déchu.

Quel sera le sort qui lui est réservé ?

Telle est la question qui se trouve dans toutes les bouches. Les renseignements les plus contradictoires viennent tantôt effrayer ou rassurer sa famille et ses partisans. Enfin, une dernière dépêche, un coup de foudre, fait connaître à l'univers en suspens le dénoûment de ce terrible drame :

« Maximilien a été fusillé le 19 Juin, à Queretaro. »

Nous avons dû jeter un rapide coup d'œil sur les événements qui ont précédé cette terrible catastrophe avant de nous livrer à l'examen des causes déterminantes de l'exécution de Maximilien, du droit des Mexicains à le mettre en jugement, et de la constitution *légale* du tribunal militaire qui a statué.

II

Nous n'avons pas à nous préoccuper des dates, ni des contradictions, ni des détails, plus ou moins exacts, publiés par la presse sur ce tragique événement. Nous n'avons qu'à examiner les causes qui l'ont produit et ses conséquences pour l'avenir des peuples et de la civilisation.

Nous nous attacherons surtout, non pas à justifier ce que nous appellerons hautement un GRAND ACTE DE JUSTICE, — il n'en est pas besoin, — mais à démontrer qu'il était NÉCESSAIRE à la cause du progrès et de l'humanité.

Et, que l'on n'envisage pas cette proposition comme un paradoxe !

La saine raison, le bon sens le plus vulgaire, suffisent à faire comprendre que le sacrifice de la vie d'un *seul* individu était préférable aux éventualités terribles que son existence laisserait subsister.

Faisons remarquer que, dans le cas dont il s'agit, le mot de *sacrifice* ne rend qu'imparfaitement notre pensée : nous ne l'employons qu'à défaut d'autre expression. Maximilien n'a pas été sacrifié, il a été régulièrement jugé par une commission militaire légalement instituée, et aucune considération d'humanité ne pouvait ni ne devait suspendre ou arrêter le cours de la justice.

OUI, MAXIMILIEN A MÉRITÉ LA PEINE DE MORT, PARCE QUE LUI-MÊME L'A ÉDICTÉE.

Il était EMPEREUR, dira-t-on ; mais était-il autre chose qu'un homme ?

Aux yeux de la raison et des impérissables principes de la justice, sa vie devait-elle être considérée comme plus précieuse que celle du dernier des pâtres, — honnête homme, — des plus pauvres montagnes de la Suisse ?

Poser ainsi la question, c'est la résoudre.

Nous savons qu'elle sera longtemps encore l'objet de discussions ardentes et passionnées. Qu'il nous soit permis de protester contre cette singulière morale, tendant à établir une distinction si subtile entre la valeur de la vie des individus.

Nous savons aussi que l'empereur supplicié trouvera des thuriféraires, oublieux de ce principe d'égalité, — au moins devant la mort, — ne trouvant pas assez d'injures pour accabler les hommes qu'ils appelent complaisamment d'exécrables bourreaux, et qui refuseront au peuple mexicain le droit de juger le tyran qui les a décimés.

Ce droit du nouveau Gouvernement mexicain à traduire Maximilien devant une commission militaire ne saurait être sérieusement contesté. Au reste, les potentats de tous les temps se sont chargés de la résolution de ce redoutable problème de tuer juridiquement et même *extra-juridiquement*.

Leur raison d'état n'a-t-elle pas toujours servi de prétextes aux plus monstrueuses iniquités judiciaires?

« *En matière politique*, disent-ils, *un homme n'est plus un homme s'il est nuisible à un résultat cherché:* IL N'EST PLUS QU'UN OBSTACLE QUE L'ON SUPPRIME ! . . . »

Cet horrible système, subversif de tout esprit de justice et de liberté, n'a-t-il pas été, sous tous les Gouvernements monarchiques usurpateurs, leur seule règle de conduite !

Oseriez-vous le nier, vous, monarchistes salariés; valetaille dorée, vous, les contempteurs du républicain Juarès!

Nous vous forcerions à rougir sous votre masque, en vous jetant au visage les noms des Murat, des Ney, des Mouton, des d'Enghien, et tous les autres martyrs de la prétendue RAISON D'ÉTAT !

Sans doute, le sort de cet infortuné monarque est digne de commisération et de regrets; mais la justice avait prononcé, et, nous le répétons, la loi inflexible et inexorable devait être exécutée.

Que l'on ne vienne pas parler des représailles dans cette circonstance : la justice du peuple n'exerce jamais de vengeances, elle pardonne trop souvent, peut-être, et toujours elle se borne à infliger au coupable le châtiment qu'il a mérité.

Pour prouver cette assertion, il suffit de se rappeler le passé et d'examiner froidement et avec impartialité les droits respectifs des monarchistes et des républicains, au moment où ont commencé les hostilités.

Un pays libre et indépendant est envahi, son territoire est dévasté, ses droits les plus sacrés foulés aux pieds, sa liberté détruite ;

Un étranger, soutenu par le canon de l'étranger, s'impose comme chef souverain ;

On bâillonne les citoyens, on les emprisonne, on les pend, on les fusille, on les mitraille, s'ils sont dissidents ;

Le sol est couvert de ruines fumantes et de cadavres palpitants ;

Si une voix généreuse s'élève pour protester contre ces odieuses violences et refuse son adhésion à l'empire, il est déclaré rebelle, et, que l'on ne l'oublie pas : TOUT REBELLE SERA FUSILLÉ !

En présence de ses faits, vous voudriez établir un parallèle entre ces assassinats en masse et l'exécution juridique d'un SEUL !

Eh ! quoi vous oseriez imputer à crime le droit de résister à l'oppression de l'étranger ! Vous oseriez, — en ce qu'elle a d'odieux, — rejeter sur ces patriotes dévoués la responsabilité des *faits accomplis,* — lorsque vous-mêmes les avez provoqués ! Vous oseriez qualifier d'exécrable assassinat l'exécution *juridique* d'un individu, — teint du sang d'une multitude de victimes, — par la seule raison qu'il a été EMPEREUR ! Vous oseriez entreprendre de justifier les atrocités commises par ce souverain, et vous oseriez ne pas tenir compte des souffrances et des tortures d'un peuple martyr, écrasé, durant près de cinq années, sous la main de fer du plus effroyable despotisme ??!

Allons donc ! Si vous êtes de bonne foi, comparez et jugez vous-mêmes. Un goutte du sang impérial pour une sanglante hécatombe de citoyens !!

Mais, JUARÈS POUVAIT FAIRE GRACE, DIRA-T-ON.

Certainement, livré à lui-même, obéissant aux impulsions de son cœur, il eut commué la peine de mort en un simple bannissement. Mais il devait obéir à des considérations d'un ordre plus élevé. La raison et le sentiment du bien public devaient étouffer dans son cœur tout sentiment de pitié. En ce moment, la pitié eût été plus que de la faiblesse, la pitié serait devenue de la trahison. Laisser la vie à Maximilien, c'était jeter un nouvel élément de discorde dans un pays si affreusement et depuis si longtemps déchiré par la guerre civile ; les partisans du monarque déchu eussent rendu, à jamais, toute pacification impossible, et la guerre civile se serait rallumée à chaque instant.

Voilà pourquoi Juarès ne pouvait ni ne devait accorder la vie au monarque prisonnier. Au reste, abstraction faite de sa dignité impériale, Maximilien, par ses actes seuls, avait attiré sur sa tête le coup de foudre qui l'a anéanti.

Tout rebelle sera fusillé, a proclamé Maximilien, de par le droit du plus fort. Devenu rebelle, à son tour, de par le droit de la justice des peuples, la loi qu'il avait promulguée a reçu sa dernière sanction.

C'était sa propre condamnation qu'il avait prononcée !

C'est la main de Dieu qui l'a frappé !

III

Le sang de Maximilien, traversant l'Atlantique est venu imprimer une souillure ineffaçable au diadème impérial de Napoléon III.

Une goutte de sang à ajouter aux flots de celui qui a déjà coulé ! La dernière goutte qui fera déborder le calice des douleurs, le dernier avis, la dernière sommation des opprimés à leurs oppresseurs.

Le peuple mexicain vient de donner un grand exemple au monde entier. Il vient d'affirmer de nouveau l'immortel principe de la souveraineté des peuples, il vient de consacrer l'inviolable principe de la légalité — devant la loi.

Maximilien, il est vrai, n'a été que le bras qui exécute, mais les balles qui ont percé sa poitrine ont fait entendre leur sinistre sifflement aux oreilles des instigateurs et des fauteurs de l'invasion.

Les complaisants et les flatteurs du Sénat et du Corps législatif français ont paru ne pas trouver de paroles assez énergiques pour flétrir la magnanime résolution de Juarès ; ils ont demandé la dégradation du traître Miguel Lopez. Oui, ce Judas est indigne de porter sur sa poitrine infâme la croix de la Légion d'honneur, il a vendu son maître !

Mais n'avez-vous pas décoré les lâches transfuges qui vous avaient vendu leur pays? A ceux-ci des dignités, des croix! Vous avez récompensé ouvertement la trahison, vous n'avez plus le droit de la flétrir.

Aussi, pour être conséquents à votre système, vous criez à l'assassin lorsque la justice du peuple frappe les coupables.

Qui donc espérez-vous tromper encore? Croyez-vous que le sang de Maximilien puisse être considéré comme une expiation suffisante? La justice de Dieu s'appesantira un jour sur les vrais coupables. Le sentiment de la liberté sommeille, le réveil sera terrible.

Le Parlement anglais a condamné Charles Stuart, la Convention nationale a condamné Louis XVI, les républicains du Mexique ont fait fusiller Maximilien Ier; vous, puissants du jour, prenez garde de n'avoir pas à compter avec la justice du peuple, la plus ferme, la plus équitable, mais aussi, la plus inexorable de toutes.

Le sang des patriotes mexicains sera une féconde semence pour l'avenir. Un souffle puissant de liberté vient du Nouveau-Monde vivifier et raviver le patriotisme du vieux continent. Les citoyens comprennent que le règne de la tyrannie n'est que passager : une épreuve, en quelque sorte, leur faisant connaître qu'ils ne peuvent être forts et faire respecter leurs droits qu'en restant unis.

L'exécution de Maximilien, c'est l'éclair précurseur de la tempête, qui doit emporter dans ses tourbillons les *annexeurs* de tous pays et les distributeurs de couronnes.

Nous voudrions, en terminant, pouvoir donner des éloges complets et sans réserves à l'attitude de Maximilien au moment où il a été livré à l'ennemi.

Sur ce point encore, notre impartialité nous oblige à ne pas être d'un avis en tous points conforme à celui des personnes qui déplore si amèrement sa fin tragique, en exaltant son courage et son intrépidité.

Miramon, après avoir rallié les troupes impériales, a été frappé à leur tête : Maximilien devait suivre son exemple et ne pas prendre la fuite. Il aurait pu, alors, avoir le bonheur de succomber en vaillant soldat, qui fait face à l'ennemi, et non pas tomber en criminel dans la fosse commune des suppliciés.

On s'apitoie avec ostentation sur son sort, et l'on affecte de ne pas trouver une parole de sympathie pour ses victimes. Que l'on lise seulement les lettres si dignes et si patriotiquement résignées des généraux Artéaga et Salazar, fusillés en exécution du décret dont nous avons transcrit plus haut la sanguinaire teneur.

Le cœur se serre, une douleur immense envahit l'âme, et la lecture de ces documents est forcément interrompue par les larmes.

Mânes des Salazar et des Artéaga, reposez en paix! vous êtes tombés en héros en offrant votre existence en holocauste au salut de la patrie;

Votre souvenir vivra éternellement dans nos cœurs; votre nom, comme un rayon lumineux, traversera l'immensité des siècles à venir, et consacrera votre noble et généreux dévoûment!

Adieu, courageuses victimes du despotisme! Vous êtes morts en braves; vous avez glorieusement succombé, sans pâlir, car vous aviez la conscience de la grandeur de votre sacrifice.

Martyrs de la liberté, une dernière fois, adieu! ...